AF267151

BERNARD PALISSY

1510-1590

ESQUISSE DE SA VIE

DE SON CARACTÈRE ET DE SES ŒUVRES

PAR

J.-ALFRED PORRET

ANCIEN PASTEUR A LAUSANNE, PASTEUR A GENÈVE

—————

<table>
<tr><td>LAUSANNE</td><td>PARIS</td></tr>
<tr><td>F. PAYOT, éditeur</td><td>GRASSART, libraire</td></tr>
<tr><td>1, Rue de Bourg, 1.</td><td>2, Rue de la Paix, 2.</td></tr>
</table>

1890

BERNARD PALISSY

BERNARD PALISSY

1510-1590

ESQUISSE DE SA VIE
DE SON CARACTÈRE ET DE SES ŒUVRES

PAR

J.-ALFRED PORRET

ANCIEN PASTEUR A LAUSANNE, PASTEUR A GENÈVE

———◉———

<table>
<tr><td>LAUSANNE
F. PAYOT, éditeur
1, Rue de Bourg, 1.</td><td>PARIS
GRASSART, libraire
2, Rue de la Paix, 2.</td></tr>
</table>

—◦ 1890 ◦—

AVANT-PROPOS

Donner d'un homme, qui fut un grand esprit et un grand caractère, dont chacun sait le nom, que bien peu connaissent, un portrait rapide, mais vivant, et n'omettant rien d'essentiel : tel est le but de ces pages, parues d'abord dans la Revue *Le Semeur*.

Outre les ouvrages de Palissy (édition de M. A. France), nous avons employé des sources nombreuses et diverses, surtout le livre de M. Audiat : *Bernard Palissy. Etude sur sa vie et ses travaux* (1868). Si nous avons rectifié plus d'une fois ce riche travail, nous l'avons mis trop souvent et trop directement à contribution, pour ne pas devoir le déclarer, en lui rendant hommage.

Genève, juin 1890.

BERNARD PALISSY

Le seizième siècle restera l'un des plus
grands de l'histoire, à la fois par les événe-
ments et par les hommes, qui ne correspon-
dent pas toujours aussi bien ailleurs. Presque tous les pays de l'Europe offrent une
floraison printanière, qui est en même
temps chez plusieurs une bien riche matu-
rité. Le génie abonde ; le talent, élevé par
son influence au-dessus de lui-même, y atteint presque ici et là. Magnifique cohorte,
que celle qui passe devant l'historien ! La
littérature anglaise s'établit avec Shakspeare
sur un sommet qui ne sera pas dépassé. L'Es-
pagne a Camoëns. L'Italie, toute frémissante

d'admiration pour la trinité de ses grands peintres, Michel-Ange, Raphaël et le Titien, se délecte des octaves mélodieux du Tasse, tandis que Palestrina lui ouvre le monde de l'harmonie proprement dite. En France, Rabelais manie sa plume comme un Titan sa massue ; Montaigne dessine ses *Essais* merveilleux de richesse, de finesse, d'originalité et de vie. Roland de Lattre multiplie ses chefs-d'œuvre. Galilée scrute les cieux et remet, après Copernic, la terre à sa place devant le soleil. Au travers de tout cela, la Réforme passe comme un vent de tempête purifiant l'air. Ses maîtres ouvriers, Luther et Calvin, rejettent dans l'ombre les hommes, pourtant supérieurs, qui comme Zwingli, Mélanchthon, Farel et de Bèze, ont coopéré avec eux.

C'est dans cette atmosphère, brillante et capiteuse, que vécut Bernard Palissy. Fils de son temps, il lui dut beaucoup sans doute, mais moins que d'autres, parce qu'il fut plus qu'eux son propre maître, en étant l'élève docile et intelligent de la nature.

Étrange fortune que la sienne ! Très admiré de son vivant, au moins en France, Palissy tomba promptement dans un oubli qui dura

près de deux cents ans. Découvert, — c'est
le mot, — à la fin du siècle passé, il a obtenu de nos jours, avec l'approbation des dé-
licats, le succès commercial, et la célébrité
du boulevard. Tout le monde cite son nom
en racontant un trait romanesque de sa vie.
En dépit de travaux développés et approfon-
dis, presque personne ne le connait vrai-
ment. Il mérite mieux. Sa grande et noble in-
dividualité est assez complète pour saisir les
esprits les plus divers par quelque côté ; le
XVIe siècle n'en offre guère de plus belle.
C'est à la dessiner vivante, que nous voulons
consacrer ces pages. « La justice de l'histoire
consiste à fixer le souvenir », qu'il s'agisse
d'une réhabilitation ou d'une flétrissure.

I

Bernard Palissy naquit vers 1510, dans le
diocèse d'Agen, partie de l'ancienne Saintonge, comprise aujourd'hui dans le départe-
ment de Lot-et-Garonne. Ses origines sont
obscures. S'il faut prendre à la lettre le titre
d'*Honorable*, à lui donné dans un acte de
1558, et qui était réservé aux magistrats et
aux premiers bourgeois, sa famille tenait un
certain rang. Ses premières années sont
aussi voilées. Tout ce que nous savons, et
cela corrobore l'induction précédente, c'est
qu'il reçut une instruction rare de son temps,
comprenant, avec la lecture, l'écriture et
le dessin, les éléments de la géométrie.
Au moment où il apparaît, figure bien
éclairée, il est *verrier*, c'est-à-dire peintre sur
verre, profession qui, dans l'opinion publi-
que, tenait de l'art plus que du métier, la

noblesse pouvant même s'y livrer sans
être accusée de déroger. Peu après sa ving-
tième année, il voyage à l'instar des ouvriers
de son temps, et cela soit pour élargir son
cercle d'idées, soit afin de perfectionner ses
procédés. De sa province, il pousse au Sud
jusqu'aux Pyrénées, tire bientôt à l'Est, re-
monte le Rhône par Nîmes et Avignon jusqu'à l'Auvergne, aboutit du côté du Nord à
Brest et à Nantes, et rentre par le Poitou et
l'Anjou. Alors déjà, son esprit observateur,
son bon sens énergique et loyal se font jour
dans une apostrophe à l'adresse des cultiva-
teurs, qui enlèvent à qui mieux mieux leurs
fils au travail des champs. « Fols qu'ils sont,
s'écrie-t-il. Ils ont honte de faire leurs enfants de leur estat... Ce que le pauvre homme
aura gagné à grande peine et labeur, il le
despendra à faire son fils Monsieur, lequel
Monsieur aura enfin honte de se trouver en
la compagnie de son père ! »

Rentré dans son pays, Palissy se fixa à
Saintes même. La verrerie était alors en décadence. Les beaux jours du catholicisme
avaient pris fin. Les scandales du clergé, re-
latés cyniquement pour l'Italie dans les let-

tres *sine titulo*, de Pétrarque, et dans les contes impurs de Boccace, pour la France, dans certains fabliaux, et dans Rabelais ; avoués avec autant d'humiliation que de douleur par Gerson et Nicolas de Clémengis ; les scandales que l'on avait vus s'étaler sur les marches et même au sommet du trône pontifical, devant la chrétienté démoralisée et dégoûtée, avaient ruiné dans les âmes la confiance en l'Église. Avec la Renaissance, un souffle de paganisme avait passé. Mais à côté, ou plutôt au-dessus d'elle, profitant d'elle en la dépassant, le sentiment religieux, indestructible, enfantait déjà la Réforme. La France était désolée, ruinée, par les guerres d'Italie. Dans ces conditions, on ne songeait guère à bâtir des cathédrales : le souci de vivre, la lutte au dehors et au dedans, matérielle et spirituelle, absorbaient presque toutes les énergies. Puis, les armées avaient apporté d'Italie le goût d'un confort resté jusqu'alors étranger au peuple français. Beaux sans doute, avec leurs scènes pittoresques et leurs couleurs veloutées, mais coûteux, incommodes, faisant en plein jour le crépuscule dans les appartements, les vitraux avaient perdu peu

à peu dans la vie civile, la vogue dont ils y
avaient longtemps joui. Chômant souvent,
Palissy se mit en quête d'un métier à adjoin-
dre à celui qui le trahissait ; grâce à sa connaissance des mathématiques élémentaires.
il put s'offrir comme arpenteur. Heureuse
rencontre ! Précisément, la gabelle faisait
exécuter la cadastration des marais salants
sur la côte de Saintonge, mais, par suite de
l'impéritie de ses commissaires, elle n'avait
obtenu que des ébauches informes. Palissy
fut appelé à la rescousse. Le voilà obligé à
des courses nombreuses, et qu'il sait mettre à
profit. En prenant des mesures, en levant des
plans, il observe, il note ses remarques
sur les fossiles et les couches rocheuses
d'une contrée féconde en révélations. Il en
tire des théories aussi justes que neuves.
Il est surtout heureux de la somme qui
récompense son travail, et qui lui permet de
subvenir aux besoins d'une famille déjà nom-
breuse. Mais, si le nécessaire lui est assuré, ce
n'est que pour un temps, la cadastration des
marais salants n'ayant été qu'une chance heureuse, et les commandes de verrerie brillant
toujours par leur absence... Cuisants soucis du

père de famille, qui ne sait où trouver le pain
des siens ! Sans y être en proie, Palissy les
sentait venir, lorsqu'eut lieu une rencontre,
de laquelle dépendit toute la seconde partie
de son existence.

*
* *

C'était en 1540. Que nos lecteurs ne s'at-
tendent à rien de romanesque ! Les faits ri-
ches en conséquences ne sont pas toujours
éclatants. Maître Bernard se trouvait dans un
lieu inconnu, lorsque ses yeux rencontrèrent
« une coupe tournée et esmaillée », d'une
telle beauté, que, dès lors, selon ses expres-
sions, « il entra en dispute avec sa propre
pensée ». D'où venait-elle ? Probablement
d'Italie. En quoi était-elle ? En porcelaine,
disent les uns ; en majolique, pensent les autres [*]. Ce qui est certain, c'est que, là où la

[*] Très probablement en majolique à reliefs de
Ferrare. Cette poterie était d'une blancheur remarquable. — Antoine de Pons, l'un des pro-
tecteurs de Palissy, devant épouser une dame
d'honneur de Renée de France, femme d'Her-
cule d'Este, avait fait [peu auparavant le

plupart se seraient bornés à admirer ou à poser des questions stériles, Palissy résolut de chercher, non sans quelque espérance d'obtenir ainsi le gagne-pain fixe qui semblait fuir devant lui. Ici, se dessine un double trait de génie. Il renferme un élément prophétique, quelque chose de divinateur. « Il existe dans la réalité, dans l'objet, a dit justement Goethe, une loi inconnue, qui répond à une loi inconnue dans le sujet, l'esprit humain ». L'homme prédestiné a l'intuition de cette correspondance à l'occasion d'une observation de détail, la lumière se faisant ainsi, avec la rapidité de l'éclair, là où l'instant d'auparavant régnait la nuit. Tous les initiateurs ont eu leur rencontre de Damas. Volta fut conduit, non pas à l'invention, mais au perfectionnement de sa pile, découverte féconde entre toutes, par un disque de papier qu'il avait humecté en le portant machinalement à ses lèvres. Hahnemann devina la loi des semblables, en lisant dans la matière médicale de Cullen, la description de la fièvre

voyage de Ferrare. Est-ce chez lui que la rencontre eut lieu ? La supposition est au moins plausible.

quinique[*]. La chute d'une pomme, après des
milliards d'autres, fit jaillir l'étincelle, bientôt
sublime lumière en Newton... Voici poindre
l'attraction universelle, réglant dans l'immen-
sité l'harmonieuse procession des mondes!
Mais ces intuitions seraient demeurées stériles si le travail persévérant, obstiné, frémissant
et découragé tour à tour n'était pas intervenu.
Ici-bas, rien de grand ne s'accomplit sans
effort. C'est Newton qui le déclare, de con-
cert avec Palissy et bien d'autres chercheurs,
lorsqu'il résume le secret de ses prodigieu-
ses découvertes par ces mots où la simpli-
cité est unie à la profondeur, et qui furent la
devise de sa vie : « En y pensant toujours ! »
Enlevez le labeur : le roi de l'astronomie n'est
plus qu'un faiseur d'hypothèses ingénieuses
ou grandioses. Les fronts qui dominent les autres sont dépouillés et sillonnés de rides. Ils
ont gardé des luttes austères, je ne sais
quel cachet auguste et mélancolique, qui
contraint de s'incliner devant eux.

Tout cela va s'illustrer en maître Bernard.
Devant sa coupe, il est en extase. Qu'elle est

---

[*] *S. Hahnemann.* Etudes de médecine homœopa-
thique, 1, 403.

fine et brillante, sans rien de criard ni de fra-
gile ! Si seulement il pouvait la reproduire !
Au désir qui étincelle dans ses yeux, s'ajoute
une expression d'indomptable résolution... Il
cherchera ! Mais par où commencer ? Car enfin, il n'a « nulle connaissance des terres ar-
gileuses »... N'importe ! Il tâtonnera dans la
nuit, jusqu'à ce qu'il ait rencontré une lueur,
dont, si faible qu'elle soit, il saura bien se
servir. Il tâtonnera, c'est le mot. Le secret de
l'émail, connu en quelque mesure à Venise
et ailleurs, est gardé comme dans un châ-
teau fort. Il ne peut pas plus être dérobé que
livré ; la fabrication s'accomplit dans un profond mystère, et des peines terribles, la
mort même, frappent la moindre indiscré-
tion*. Les jours suivants, Palissy est plus

* Un certain émail était pourtant connu en
France. Les faïences d'Oiron (Deux-Sèvres), furent, en partie, antérieures à Palissy. De 1524 à
1537, la châtelaine Hélène Gouffier, née d'Han-
gest-Genlis, présida à la fabrication de poteries
d'une pâte dure, sonore, ornementées avec une
richesse pleine de goût. Après elle, l'établisse-
ment déclina rapidement, puis, périt. Il ne reste
de la faïence d'Oiron que 37 pièces authentiques,
rangées par les connaisseurs en trois périodes.
Le rose et le brun dominent, dans les ornements

2

grave, plus absorbé que d'habitude. Ses alentours s'étonnent de l'entendre piler sans relâche des matières variées. Il n'est bruit dans la ville que de ses achats considérables Je pots en terre, et du fourneau qu'il a fait « bastir à sa fantaisie. » Serait-il devenu magicien? Rêverait-il de fabriquer de la fausse monnaie? Bien peu habile dans les deux cas, puisqu'il accomplit tout au grand jour! Donnerait-il plutôt dans l'alchimie? On le croirait, à le voir noter avec soin la composition de ses mélanges. Mais les souffleurs s'enveloppent toujours de mystère, et d'ailleurs, si Palissy en est un, pourquoi ces poteries qu'il soumet au feu?... Dès le début, les conjectures, mères des soupçons, vont leur train.

Franchissons cinq années. Nous sommes toujours à Saintes. La nuit tombe. D'une

dessinés sur un émail jaunâtre à base de plomb, et obtenus par incrustation. Au début, dont treize pièces survivent, ils sont peu variés; tandis qu'au déclin, révélé par quatorze pièces, l'influence de Palissy est manifeste. La période intermédiaire, dont on possède dix-sept spécimens, est remarquable de richesse et d'originalité. Cette entreprise ne fut du reste pas connue de Palissy, qui accomplit ses découvertes sans secours.

maison de la plus chétive apparence, un homme sort, qui jette autour de lui des regards craintifs. Son vaste front, ses traits accentués, son regard pénétrant, accusent une intelligence peu ordinaire. Mais qu'il est maigre et hâve, et si l'habit, qui ne fait pas le moine, décèle le besogneux, au sein de quelle misère il se débat ! Dans sa main, il tient une pièce de monnaie, la dernière qu'il possède, et il la consacre à acheter un pain pour les siens. Ne croyez pas, du reste, que s'il semble vouloir se dérober dans l'ombre, c'est qu'il ait honte de son indigence ! Pas plus que l'opulence n'est une vertu, la pauvreté n'est un vice, et celui que nous observons a l'âme trop haute pour ne pas s'en souvenir. Mais des cris se font entendre. Voix rauques de mégères, et voix stridentes d'enfants ! « Le voilà, crient les unes, celui qui fait mourir les siens de misère ! » — « Venez voir, clament les autres, passer Maitre Bernard le fou ! » Maitre Bernard... C'est lui, en effet. Depuis qu'il a rencontré la coupe italienne, possédé d'une idée devenue passion, il n'a plus eu de repos. « Qui cherche trouve ». Il a cherché le secret de l'émail ; il l'a fait jour

et nuit, avec confiance, avec ferveur, avec dé-
sespoir ; souvent abattu, jamais brisé ; chan-
celant parfois en apparence, ferme toujours
en réalité. Pour un seul essai, il a exécuté
plus de trois cents mélanges, tous numéro-
tés et soigneusement enregistrés. Les fours
des potiers, auxquels, son propre four ruiné,
il a eu recours, lui donnant trop peu de chaleur, il s'est adressé aux verriers, mieux ou-
tillés... Qui dira les émotions de l'inventeur
devant lequel brille une lumière qu'il tremble
de voir s'éteindre ? Aux jours d'angoisse se sont
ajoutées les nuits désolées!... Enfin une composition fond, et se dépose sur la glaise cuite,
en un vernis blanc, doux, brillant, solide! Gage
de réussite, mais qui impose des efforts nou-
veaux. La victoire ne sera remportée que
lorsqu'une expérience accomplie sur une
vaste échelle, aura consacré ce qui peut n'ê-
tre qu'un hasard heureux. Tout en dépend.
Rien, en conséquence, n'y doit être laissé à
l'impéritie ou à la négligence d'agents merce-
naires. L'artiste, l'arpenteur expert, le puissant
chercheur se transforme en maçon pour bâtir
un four, en même temps qu'il demande à ses
vitraux le pain quotidien. Ainsi pendant huit

mois. Mais l'heure décisive a sonné ; les vases sont disposés ; le feu brille. Six jours et six nuits, Maître Bernard, brisé de fatigue, épuisé par l'angoisse et par la chaleur, entretient, excite, et modère tour à tour. Et l'émail ne fond pas, et la flamme baisse, et le combustible va manquer... Quelques instants encore... le fruit d'énormes labeurs est perdu ! Palissy s'élance dans sa demeure ; il saisit ses chaises et les brise ; il arrache ses treillis, et pliant sous le poids, il regagne le théâtre de ses luttes et de ses douleurs, qui va être celui de son triomphe. *Audaces fortuna juvat !* La nature récalcitrante a livré une de ses richesses. Sur toutes les poteries brille l'émail blanc.

C'est là la scène que des livres de vulgarisation élémentaire ont jetée dans le grand public. Avec elle, on se figure connaître Maître Bernard. Palissy n'eût-il pas cassé ses chaises, il est probable que cette célébrité boulevardière lui eût fait défaut. Nous l'eussions vite pleurée :

> ... Il n'avait mérité
> Ni cet excès d'honneur, ni cette indignité.

Mais le vulgaire est ainsi fait. Il passe à

côté de Kepler, cherchant pendant quatorze
ans les lois du monde planétaire ; pour qu'il
condescende à s'arrêter, il lui faut du roman.
— La composition de l'émail étant à peu
près découverte, il s'agissait d'en tirer profit,
et ce n'était pas facile. A vrai dire, convertie par
le succès, la foule ne tournait plus guère Maître Bernard en dérision, et elle avait cessé ses
injures. Mais la misère était toujours là, boulet
attaché aux ailes de l'ange qui voulait prendre son vol... On a souvent attribué à Palissy
le mot fameux : *Pauvreté empêche les bons
esprits de parvenir.* En réalité, ce mot faisait
partie de la marque du libraire qui publia
le premier de ses ouvrages : *La Recepte véritable.* Mais il est difficile de ne pas admirer
le bonheur de la coïncidence. Il eût fallu des
fonds à maître Bernard ; il n'avait que des
bouches à nourrir. Puis, sa femme ne cessait
de le gourmander. On en a fait une réédition
aggravée de Xantippe. C'était plutôt une
intelligence ordinaire. Admirant les hautes
capacités de son époux, elle ne prisait guère
une ténacité qui lui semblait de l'obsti-
nation. Mère affectionnée, elle ne pouvait
prendre son parti de voir ses enfants hâves

et déguenillés, et, rattachant, non sans raison, leur misère à l'émail, elle le maudissait
comme le corrosif qui détruisait le bonheur de
sa vie. Après des luttes au dehors, Palissy trouvait au dedans des récriminations, qui, dou-
blant sa peine, devaient le laisser à jamais
meurtri. Si du moins le succès avait couronné
ses entreprises! Mais on eût dit qu'un méchant
génie fût acharné après lui. Un jour, l'ardeur
du feu vitrifie son four et il doit le rebâtir
presque en entier. Un autre, certains graviers,
éclatant avec bruit, couvrent de poussière et
de débris l'émail en fusion. La cuite est
frappée; les résultats en sont pourtant encore
beaux, et se vendraient sans peine à prix
réduit.... Ainsi serait conjurée la misère; ainsi
seraient rendues possibles de nouvelles expériences. Mais Palissy, qui a confiance en son
génie, en a la fierté. Jamais il ne laissera cou-
rir sous son nom des œuvres manquées !...
Posez la couronne de lauriers sur son front
creusé de rides ! De sa propre main il brise ses
vases, et, les jetant dans un mortier, il les y réduit en poudre... Grand spectacle assurément
que celui de cet homme, victime de l'adversité, et jamais vaincu! L'histoire n'en offre
guère du même genre qui soit supérieur.

..

Si le contentement de soi est le propre
des esprits médiocres, le génie qui vit d'i-
déal, aspire invinciblement à la perfection.
Un ouvrier ordinaire, ayant trouvé l'émail
blanc par une chance heureuse, s'y serait
arrêté; Maître Bernard, lui, n'y vit qu'un
point de départ. Nature d'artiste, en même
temps que génie observateur, il sentit d'em-
blée que les couleurs pouvaient seules élever
sa découverte, — un procédé, — à la dignité
d'un art. Mais, pour teindre l'émail à coup
sûr, il eût fallu une chimie : l'alchimie
existait seule. Telle couleur était brûlée,
alors qu'une autre n'avait pas fondu. Ou
nous nous trompons fort, ou c'est à ce moment, que Palissy prit ses griefs contre la
science fallacieuse, dont on peut chanter les
louanges, puisqu'elle fut le berceau de l'analyse moderne, mais à laquelle il est encore
plus facile de faire sévèrement son procès,
puisqu'elle gaspilla sans fruit véritable de
grandes forces et des ressources considérables. Palissy était condamné à tâtonner.

Pendant qu'il le fait, usant de chaque lumière, groupant ses expériences, il gagne le pain du jour en peignant des verres. Passons sur des scènes qui reproduisent celles que nous connaissons déjà. L'heure du succès a sonné. Maître Bernard possède l'art d'émailler en diverses couleurs; il multiplie les créations de tous genres, qu'il a baptisées du titre harmonieux de *figulines*... * Une rencon-

---

* Comme en bien d'autres domaines, la haute antiquité a ici devancé les temps modernes. Palissy n'a fait que retrouver ce que l'Egypte, l'Assyrie et la Chaldée connurent. La porcelaine, ou mieux, la faïence égyptienne, se composait d'une glaçure d'émail, faite de silice et de soude incorporée à l'argile. Sur des fonds bleus, ou vert pomme, les artistes dessinaient en noir des bouquets de lotus, des rosaces, et parfois des figures humaines, jaunes aux parties découvertes, revêtues d'habillements aux couleurs variées. La ressemblance avec les figulines de Palissy est assez frappante pour s'être imposée à M. Birch (*History of the ancient potery*, p. 50).

En Chaldée, les couleurs étaient d'une rare beauté, douces et vives à la fois. Le bleu et le jaune prédominaient ; il y avait peu de rouge, encore moins de vert. Les couleurs, au nombre de cinq ou six seulement, serraient de près la nature. Dans la composition du bleu, le lapis-lazuli joua un rôle considérable, le jaune étant

tre heureuse l'aide à les placer. Anne de Montmorency, maréchal et connétable de France, a dû se rendre en Saintonge pour apaiser des troubles. Il y a fait la connaissance du grand artiste. Disgracié peu après par François II, agissant à l'instigation de sa jeune femme Marie Stuart, la nièce des Guise et leur instrument, il se retire dans ses châteaux d'Ecouen et de Chantilly, dont il orne le premier avec une princière magnificence. Vers 1553, il requiert de Palissy une grotte rustique, et, satisfait, il le récompense de façon à le mettre dans l'aisance, en même temps qu'il lui accorde une protection dont la fidélité ne se démentit jamais.

Ceci était d'autant plus précieux que les temps étaient plus troublés. Depuis 1546, Palissy avait embrassé la Réforme; il avait même coopéré à la fondation de l'Eglise de

produit par un antimoniate de plomb, qui renfermait une quantité d'étain. Les sujets humains et les animaux, taureaux ailés, lions, ont été traités en Chaldée avec prédilection, mais sans prétendre à la vérité, en couleurs de fantaisie, et sur des briques, guère sur des vases, que l'on faisait plutôt en bronze, recouvert d'une pellicule d'or (G. Perrot et Ch. Chipiez. *Histoire de l'Art dans l'Antiquité*. Tome I, 820-827. Tome II, 305-309 ; 704-707).

Saintes, dont il raconte, dans la *Recepte véritable*, avec amour, les débuts. « Il y avoit
dans cette ville un certain artisan, pauvre et
indigent à merveilles, lequel avoit un si grand
désir de l'avancement de l'Evangile, qu'il le
démonstra quelque jour à un autre artisan,
aussi pauvre que lui, et d'aussi peu de savoir, car tous deux n'en savoient guère ; toutefois le premier remonstra à l'autre, que
s'il vouloit s'employer à faire quelque forme
d'exhortation, ce seroit la cause d'un grand
fruit... Quelques jours après, il assembla un
dimanche matin neuf ou dix personnes... Ils
convindrent ensemble que six d'entr'eux ex-
horteroyent par hebdomades, savoir est, un
chacun de six en six semaines, les dimanches
seulement... Voilà comment nostre Eglise a
esté érigée au commencement par gens mes-
prisés ! * » Maître Bernard faisait ainsi partie
d'une minorité plus ou moins ardemment
persécutée, suivant les moments et les lieux,
mais jamais absolument tranquille. Une fois
déjà, il avait tâté de la prison. Ressaisi, il
pouvait tout appréhender, et son atelier al-

* *Recepte véritable.* 136-138.

lait être jeté à bas, lorsque la reine-mère, le
couvrant de son ombre, l'arracha au fana-
tisme cruel des tribunaux bordelais. Suivit,
comme une oasis dans le désert, au milieu des
sanglantes guerres de religion, la période
relativement tranquille inaugurée par la paix
d'Amboise (12-19 mars 1563). C'est ici le moment heureux de la vie de Maître Bernard.
S'il n'a pas atteint la fortune, la misère du
moins lui a dit adieu. Sa réputation a franchi
les limites de la Saintonge. Les plus hauts
personnages le protègent et lui marquent leur
estime. Dans son atelier, défilent les hommes distingués qui ne lui cachent pas leur
admiration pour ses œuvres. Catherine de
Médicis le visite à Saintes, en attendant de
le mander à Paris... Mais tout cela ne lui suf-
fit pas. Il se sent appelé à autre chose qu'à
bâtir des grottes originales ou à émailler
d'artistiques poteries, et il publie son premier ouvrage, dont voici le titre complet :

*Recepte véritable, par laquelle tous les
hommes de la France pourront apprendre à
multiplier et augmenter leurs trésors.*

*Item, ceux qui n'ont jamais eu connais-
sance des lettres pourront apprendre une*

*philosophie nécessaire à tous les habitants
de la terre.*

*Item, en ce livre est contenu le dessein d'un
jardin autant délectable et d'utile invention
qu'il ne fut oncques veu.*

*Item, le dessein et ordonnance d'une ville de
forteresse, la plus imprenable qu'homme
ouyt jamais parler, composé par Maistre
Bernard Palissy, ouvrier de terre, et inventeur des rustiques figulines du Roy, et de
Monseigneur le duc de Montmorency, pair et
connestable de France, demeurant en la ville
de Xaintes.*

Qu'on vienne dire, après cela, que notre
temps possède le monopole de la réclame!
On aurait tort, du reste, d'en vouloir à Palissy pour ses hyperboles. Leur naïveté
même les rend innocentes. Son livre, un pe-
tit in-quarto de cent pages, était dédié à Catherine de Médicis, qui, selon le mot de Brantôme, « ne fut jamais chiche à l'endroit des
savants ». Vrai pot pourri, il est tout pénétré
du plus ferme bon sens, et parfois tout brillant d'une singulière originalité. Palissy y
trace le programme de ces jardins anglais
que notre temps applaudit, en s'en attribuant

l'heureuse idée. Et nous aimons à noter qu'en exprimant sa reconnaissance pour les grands qui l'ont sauvé du bourreau, il ne met nullement une sourdine à la confession de sa foi !

.•.

Trois ans passent. Montmorency n'est plus. La reine-mère l'a remplacé pour Palissy, qui travaille avec ardeur à décorer les Tuileries. « Maître Bernard des Tuileries », dit-on couramment à Paris pour le désigner. En 1569 notamment, il exécute une grotte, ornée, suivant son usage, de serpents, d'écrevisses, de lézards, de grenouilles et de coquillages. Dans ce moment de grande production, il travaille hâtivement, comme éperonné, et la qualité de ses œuvres en souffre. Mais la Saint-Barthélemy éclate, coup de foudre dans un ciel un instant éclairci. Palissy échappa au massacre où tant de haines se satisfirent dans les ténèbres. Le talent et la gloire ne sauvèrent ni Goujon, le Phidias de la Renaissance, ni Ramus, le Cicéron français; les services rendus ne garantirent pas Piles, le défenseur de Saint-Jean d'Angély, et, à son heure, le sauveur de Charles IX. La nièce de Briçonnet, Mlle d'Iverny, qui donnait tout son bien aux pauvres, n'en fut pas moins poignardée, et achevée dans la Seine à coups de pierres. Bien que l'on ne sache rien de positif, on doit statuer, ici encore, l'influence protectrice de Catherine de Médicis. Eût-elle longtemps suffi ? Palissy agit en tous cas prudemment en se dérobant. Ayant traversé l'Est de la France, il parcourut l'Allemagne occidentale. Après un an, et riche d'observations nouvelles, il était de retour à Paris.

C'était un grand moment dans l'histoire de l'intelligence. Sans en valoir le début, la fin du seizième siècle était belle encore. La mort avait pris Raphaël et Michel-Ange, mais le Tasse arrivait au méridien de sa gloire. L'âge d'or de la littérature anglaise commençait. En France, les convulsions de tout genre avaient épuisé la nation, mais si l'on n'avait plus Clément Marot, il restait Ronsard, un grand poète, dont on a dit trop de mal. Théodore de Bèze avait succédé à Calvin, sans le remplacer, il est vrai. Le mouvement des esprits était toujours vif et fécond. Paris y jouait le rôle capital, et, dans Paris, le Collège de France, fondé par François Ier. Tout conviait Palissy à répandre ses observations et ses découvertes au moyen d'un cours public. On a souvent affirmé que la conférence est un genre moderne, né de la diffusion, ou, si l'on veut, de la démocratisation de l'instruction. C'est une erreur. La conférence est antique. On la cultivait à Rome, où elle était lue ; à Athènes, où on l'improvisait. Le genre avait même eu, comme toutes choses, sa floraison, sa splendeur et sa décadence. * Palissy le pratiqua d'instinct. Mal nippé, et peu expert dans l'art de la parole, mais aimant mieux, comme il s'exprime, « dire vérité en langage rustique, que mensonge en langage rhétorique », il annonça, pour le Carême de 1575, trois séances, dans lesquelles il s'engageait à expliquer tout ce qu'il avait appris dans ses voyages et au cours de ses travaux, « des fontaines, métaux et autres natures. » L'auditoire fut nombreux autant que choisi, et cela bien qu'il fallût payer un écu comme droit d'entrée. Au pied

* Audiat, *Bernard Palissy*, p. 346.

de cette chaire improvisée se trouvait, incli-
nant son vaste front, Ambroise Paré, le chi-
rurgien qui, en découvrant la ligature des
artères, épargna plus de sang à l'humanité
que son siècle n'en a versé ; le chrétien qui
n'estima jamais que la science et l'habileté
dussent se passer de la prière*. Réformé, dans
un temps où cela signifie quelque chose, il
est heureux d'applaudir son frère en la foi**.
Écoutons, nous aussi, maître Bernard. Rien
de moins apprêté que son discours, ou plutôt, rien qui ressemble moins à un discours
que le sien. Il cause sans aucune prétention,

* Chacun sait son admirable parole après qu'il
eut sauvé François de Guise (le comte d'Aumale)
frappé d'une effroyable blessure sous les murs de
Boulogne (1548) : « Je le pansai et Dieu le gué-
rit. »

** On a contesté le protestantisme de Paré, M.
Audiat, par exemple. Les raisons invoquées sont
faibles, en regard des témoignages de Brantôme,
qui déclare Paré fort huguenot, et de Sully, qui
dit que, *malgré cela*, nul n'avait, comme lui, la
confiance du roi. Lorsqu'il est arrivé à maître
Ambroise d'en appeler à la Bible, il a employé la
version calviniste, et, cinq ans avant sa mort, il
citait le *Traité de la religion chrestienne*, de
Duplessy-Mornay. Ceci nous paraît sans réplique.

mais avec autant de connaissance de sa matière que de liberté. Il ne dit que ce qu'il
veut dire ; il dit tout ce qu'il veut dire. Les
saillies naissent sur ses lèvres ; sa face aus-
tère en est comme éclairée. Railleur parfois,
il s'élève l'instant d'après à la poésie, et à
une éloquence qui saisit, parcequ'on sent
qu'elle jaillit du cœur. De quoi traite-t-il ?
Nous dirions presque aussi facilement ce
qu'il omet. Du rôle de l'eau dans la nature et
de son importance dans l'alimentation, il
passe aux prétentions de l'alchimie, qu'il
fustige de main de maitre. L'or potable
alors en vogue? néant. La thériaque ou *mi-
tridat*, ce composé de trois cents drogues
différentes, parmi lesquelles le gypse et l'al-
bâtre, dont les apothicaires font grand état,
le préconisant même contre la peste ? Monu-
ment de la sottise humaine. Partout règne
un bon sens parfait, doublé d'une pénétration rarement en défaut, et traversé ici et là
par des éclairs de génie. Les séances de Palissy, telles que nous les possédons, revues,
et publiées par lui-même en 1580, sous le titre de *Discours admirables*, sont une espèce
d'encyclopédie sans unité, mais pleine de
force et renfermant des trésors.

。

Encouragé par le succès, Palissy, bien que septuagénaire, continua ses séances pendant les années suivantes, qui, paisibles, doivent avoir été heureuses. Mais la Ligue s'était formée. En 1587, sur la dénonciation d'un renégat protestant, il fut jeté dans les cachots de la Bastille. Il y mourut trois ans après, « de misère, nécessité et mauvais traitements », comme s'exprime Pierre de l'Etoile, qui s'efforça de le soulager, et reçut de lui en souvenir deux pierres curieuses. Privé des siens, il avait été visité par une parente âgée. Son geôlier fit traîner son cadavre sur le rempart, voulant ainsi le malmener jusqu'au bout « comme un chien qu'il estoit ». « Ainsi finit cette vie si pure et si grave... Peut-on mieux vivre et mieux mourir? Quelque idée qu'on se fasse de ce qui est bon et beau, il faut se dire que la vie la meilleure est celle dans laquelle les plus grandes énergies furent pleinement exercées. A ce compte, la vie de Bernard Palissy fut une belle, une heureuse vie *. »

* M. Anatole France.

II

C'est comme artiste que Maître Bernard
est le plus connu. Oublié, à cet égard comme
aux autres, pendant tout le dix-septième siècle, et les deux premiers tiers du dix-hui-
tième, il a dû sa réhabilitation complète au
mouvement romantique. Aujourd'hui, ses
œuvres occupent une place d'honneur au
Louvre et au musée céramique de Sèvres.
Un plat de Palissy, que l'on payait au plus
trente ou quarante francs vers 1810, en valait
il y a vingt-cinq ans, de six à huit cents. Aujourd'hui, la passion des antiquités aidant,
il faut, pour en obtenir un, à la lettre le cou-
vrir d'or. D'une manière générale, la fabrication en est solide et bien entendue. Palissy
avait soigneusement étudié les diverses argi-
les, leurs inconvénients et leurs qualités, le
degré convenable de feu pour la cuisson de

chacune d'elles, et il ne les employait qu'à
coup sûr. La sienne, rose clair à la cassure,
d'un grain serré, est toujours sonore et résis-
tante. L'émail qui la revêt est dur, d'un blanc
sale, coupé de couleurs assez peu variées,
mais belles, dues à des oxydes métalliques,
et produisant, mélangées, des jaspes super-
bes. Il en est de même dans toutes ses
œuvres, qu'il s'agisse de plats, de hanaps
ou de statuettes. En revanche, les ornements
en sont divers, et l'on peut, grâce à eux, établir avec assez de certitude, des périodes
dans la carrière de l'artiste potier. Au début,
Palissy demande surtout ses décorations à
certains genres inférieurs du règne animal.
Prenons un plat. On croirait voir, comme l'a
si bien dit Lamartine, « le filet d'un pêcheur
vidé tout palpitant sur le sable et transvasé
dans un bassin d'argile. » Au centre, est un
serpent, déroulant ses anneaux de la façon la
plus gracieuse. Des coquillages dorment au-
près ; ils alternent avec des herbes aquati-
ques, feuilles de cresson ou de nénuphar
symétriquement disposées. Dans une sorte de
fleuve, nagent des poissons variés. La bor-
dure est composée d'un lézard qui occupe

l'un des bouts, de grenouilles et d'écrevisses. Parfois, il s'y égare une libellule ou un papillon. Le tout est rendu en relief et avec les teintes mêmes de la nature. Dans la suite, les feuillages, plus variés, occupent une place plus importante. Enfin, à Paris, Palissy aborde les sujets mythologiques, symboliques, et même historiques, spécialement goûtés de son temps, où l'art, fort humain, s'inspirait beaucoup de l'antiquité. Les questions d'authenticité sont ici délicates et difficiles. On est généralement d'accord à attribuer à Palissy un plat ovale représentant *l'enlèvement des Sabines* ; une assiette qui figure *la Charité* sous les traits d'une jeune femme, placée avec ses enfants au premier plan d'un riant paysage ; *l'Espérance*, personnage appuyé sur une ancre et qui lève les yeux au ciel ; une admirable Madeleine, agenouillée parmi des coquilles et des plantes sauvages. Une belle œuvre, en quatre pièces, exprime les saisons, ou plutôt les âges de la vie. Si rien de tout cela n'est entièrement nouveau, pas même la première manière, Palissy a tout fait sien par les rares qualités

de dessin, de vérité et d'harmonie qu'il y a
mises. Il est bien un créateur [*].

Dans son art il n'y a, du reste, guère d'idéal.
Palissy est réaliste, et l'on peut se demander
si ce n'est pas l'une des causes pour lesquelles il plaît à notre temps, où l'art, manquant
d'inspiration, s'efforce de copier la nature, en
perfectionnant les procédés. Chacun connaît
l'anecdote du tournoi entre les peintres anti-
tiques, Zeuxis d'Héraclée, et Parrhasius d'E-
phèse : elle exprime bien l'esthétique de Palissy. L'artiste aspire à tromper les yeux ; il ne
s'inquiète guère d'éveiller la pensée. Faire
des couleuvres qui semblent vivantes, des
écrevisses si bien imitées, qu'un enfant avisé
hésitât à placer son doigt entre leurs pinces ;
des poissons « insculpés et esmaillés si près du
naturel qu'il est impossible de le racompter : »
voilà son rêve ! Dans un moment d'épanche-
ment, il convient naïvement avoir été « esmer-
veillé » de ce que plusieurs chiens se sont

---

[*] Lübke, *Histoire de l'Art*. Tome II, p. 354 :
« La fidélité de l'exécution et l'harmonie des couleurs de Palissy ne laissent rien à désirer ; le plus
parfait bon goût éclate, soit dans son dessin, soit
dans son modelage. »

mis à gronder devant un caniche verni qu'il possède. Copiez, serrez la nature : plus vous le ferez, plus Palissy vous applaudira. Héroïque comme inventeur, et, le système admis, grand comme artiste, il a néanmoins des titres supérieurs à la gloire.

On le devine, en contemplant l'un des rares bons portraits que nous possédions de lui. Ce front immense, ce regard à la fois pénétrant et profond, ce grand nez busqué, cette bouche fine et ferme, tout cela fait songer davantage à un savant et à un penseur qu'à un artiste. Plusieurs des hommes illustres du quinzième et du seizième siècle saisissent autant par l'étendue que par la force de leur génie. Michel-Ange, au second rang dans la poésie, au premier dans l'architecture ; avec Léonard de Vinci, l'un des fondateurs de l'art moderne ; en peinture, inférieur au seul Raphaël, qu'il surpassa en force, fut, en sculpture, comme le soleil, qui éclipse les astres rivaux. Léonard lui-même fut à la fois peintre, musicien, sculpteur, improvisateur, mécanicien, géologue, et, à des degrés divers, il excella en tout. Palissy est de leur famille. Écrivain excellent, il ne doit plus être oublié dans les histoires de la littérature française. Si la culture lui manque à quelque degré, il a la clarté, la précision, le naturel, la finesse, la poésie, les images colorées, les traits mordants, les aphorismes pleins et bien frappés. Mais le fond, chez lui, prime de beaucoup la forme. Ses traités sont de vrais trésors d'étude personnelle, d'observation et d'originalité, et, lorsqu'on songe aux circonstances et aux temps dans lesquels il furent composés, il est impossible de ne pas être saisi d'admiration. Palissy ne doit rien aux livres. Il ne relève que de la nature et de lui-même. Esprit éminemment sagace et pénétrant *(scharfsinnig und tiefsinnig)*, il possède à un degré éminent le don de la généralisation. Du rapprochement de faits sur lesquels le vulgaire passe, il tire des théories qui les expliquent sans effort. Mais jamais son bon sens ne permet à la théorie de prendre le pas sur l'expérience. Devançant son temps, rompant avec les habitudes courantes, Maître Bernard a pratiqué d'instinct la méthode à laquelle notre science est redevable de tant de conquêtes, notre civilisation de tant de merveilles. Loin d'être, comme celles du moyen-âge, des châteaux de nuages bâtis sur le vide, ses théories sont des inductions d'observations patientes et sagaces. *Théorique*, selon lui, ne saurait engendrer *practique*. Au travers des siècles, il donne la main à Roger Bacon, ce franciscain génial, réformateur du calendrier, précurseur de Copernic en astronomie, peut-être de Newton en optique, que Humboldt a appelé « la plus grande apparition du moyen-âge »*, et pour qui, sans « la science expérimentale, terme de toute spéculation, reine des sciences, dont seule elle certifie et consacre les résultats, rien ne peut être connu avec certitude ** . » Ses erreurs même ne l'amoindrissent pas sérieusement ; elles retombent, on le sent, sur son temps et sur ses circonstances, non sur lui-même.

.·.

Saluons d'abord le *minéralogiste*. « Un potier de terre osa le premier, vers la fin du

---

* *Cosmos*, Tome II, p. 398.
** R. Bacon. *Opus tertium*.

seizième siècle, dire dans Paris, à la face de
tous les docteurs, que les coquilles fossiles
étaient de véritables coquilles, déposées au-
trefois par la mer ; que des animaux et surtout des poissons avaient donné aux pierres
figurées leurs différentes figures... C'est Bernard Palissy, Saintongeois, aussi grand physicien que la nature seule en puisse former
un. » Tracées alors que Palissy était un inconnu, ces lignes font honneur à l'indépen-
dance de Buffon, mais elles ne sont pas com-
plètes. Maître Bernard fit mieux que de rec-
tifier des théories fantaisistes ; il groupa des
matériaux pour rechercher, des preuves
pour établir la vérité. Les amateurs de mu-
sées ne se doutent guère à qui en appartient
l'idée et le premier rudiment d'exécution.
Pétrifications, stalactites, appelées pittores-
quement des « mesches pendantes », pierres
de talc et d'ardoise, minerais divers, bois variés, le tout « attasché par ordre et par esta-
ges, avec certains escritaux au-dessous afin
que chascun se puisse instruire soy-même » :
tel était, en 1576, le cabinet que Palissy appe-
lait plaisamment « sa petite académie ». Vol-
taire, qui avait de l'esprit, s'est moqué de Maî-

tre Bernard, qui avait du génie, et cela en
faisant, avec un mauvais goût heureusement
rare, sonner sa profession de potier. Les fossiles, observés par Palissy, dérangeaient les at-
taques du grand railleur contre la Genèse. Aujourd'hui, le « potier » est bien vengé, même
pour la galerie, qui aime à rire. Il s'est, sans
soupçon possible de plagiat, rencontré avec
Léonard de Vinci, et, selon la remarque de
Cuvier, ses idées sont le commencement,
« l'embryon » de la géologie moderne[*].

.·.

Comme *physicien*, Palissy n'est pas moins
digne d'attention. Rien, à la lettre, ne lui

[*] *Discours admirables.* Des pierres. Pages
332, 331, 342. « Je nie que les poissons de la mer
se soient espandus par la terre ès jours du Déluge. Je maintiens que les poissons armez,
lesquels sont pétrifiez en plusieurs carrières, ont
esté engendrez sur le lieu mesme, pendant que
les rochers n'estoyent que de l'eau et de la vase,
lesquels ont esté pétrifiez avec les dits poissons...
Il s'en trouve en la Champagne et aux Ardennes,
desquels genres ne s'en trouve point en la mer
Océanne, et n'en voit-on, sinon par le moyen des
nautonniers, qui en apportent bien souvent des
Indes et de la Guinée. » Cf Louis Figuier. *La
Terre avant le Déluge.* pages 18 et suiv., etc.

échappe. « Cet ignorant a compris, deviné, pressenti, autant et plus qu'aucun savant ». Remarquant que l'ambre jaune, convenablement frotté, et l'aimant, possèdent tous deux une vertu attractive, l'un sur la paille, l'autre sur le fer, il soupçonne une force identique qui les anime. Mais d'où vient l'arc immense, aux couleurs pures et veloutées, qui, dans les jours d'orage, s'élance au travers du ciel ? Palissy entrevoit la réponse, en faisant ainsi de l'optique, comme tout à l'heure du magnétisme. « La cause de l'arc céleste, dit-il, n'est sinon d'autant que le soleil passe directement au travers des pluies, qui sont opposites de l'aspect du soleil... Le soleil donne au travers de l'eau, et cause les couleurs de l'arc-en-ciel en la dite eau ». Pressentiment de l'analyse de la lumière, qui devait faire au siècle suivant l'une des gloires de Newton. Palissy sait comment la glace se forme. Il a une idée de la pesanteur de l'air. Chauffez un chaudron à demi rempli d'eau : l'eau augmente de volume jusqu'à déborder ; elle se dilate sous l'influence de la chaleur. De ce fait, qu'il a constaté, avant que Salomon de Caus eût formulé son célèbre théorème :

« L'eau montera, par aide du feu, plus haut que son niveau », Maître Bernard a tiré une explication des secousses du sol, préconisée par des savants modernes qui font autorité. « Il faut qu'auparavant que la terre tremble, il y ait allumée grande quantité de l'une de ces quatre matières : souphre, charbon de terre, mottes de terre, et bitume, et estant allumée, qu'elle ait trouvé en sa voye quelques réceptacles d'eaux dedans les rochers, et que le feu soit si grand qu'il aye puissance de faire bouillir les eaux encloses dedans les rochers, et alors, par le feu, les eaux, et l'air enclos, s'engendrera une vapeur, qui viendra soulever par sa puissance, les rochers, les terres et maisons qui seront au-dessus[*] ». A la réserve de quel-

[*] *Discours admirables*, p. 186. *Cuique suum !* Aristote, dans sa *Météorologie*, et surtout Sénèque, dans son traité des tremblements de terre, ont prévenu Palissy. La rencontre est assez frappante pour être notée. « Les feux souterains, dit Sénèque, agissant sur de fortes masses d'eau, en dégagent incessamment une grande vapeur, qui, par sa propre puissance, détermine des courants d'air. Ces courants, suivant qu'ils sont plus ou moins resserrés, secouent violemment, ou même vont jusqu'à briser les obstacles qu'ils rencontrent ».

ques détails, M. Daubrée pourrait signer ces lignes. « Les explosions de masses gazeuses surchauffées, a-t-il écrit, expliquent toutes les particularités des tremblements dé terre, leur régime simulant des coups de bélier, leur violence, leur succession fréquente, leur récurrence sur les mêmes régions depuis bien des siècles... Dans les conditions de surchauffement que supposent les laves, la vapeur d'eau acquiert une puissance dont les plus terribles explosions de chaudières ne donneraient pas une idée, si l'on n'en avait les résultats sous les yeux. » Qu'on se souvienne en effet de l'éruption du Krakatoa ! D'une surface de trente-trois kilomètres et demi, vingt-trois ont volé en éclats. — Le moment semble rapproché où l'intuition de Palissy sera universellement admise.

.˙.

En *chimie*, Maître Bernard n'est pas moins intéressant à consulter. A qui nous accuserait de panégyrique, nous opposerions l'opinion, compétente autant que désintéressée,

de M. Chevreul. « Bernard Palissy, a-t-il dit,
est tout à fait au-dessus de son siècle par ses
observations sur l'agriculture... Leur variété
prouve la fécondité de son esprit ; on y sent
la faculté d'approfondir la connaissance des
choses, et leur nouveauté témoigne de l'originalité de ses pensées ». Pour Maître Bernard, les métaux sont fixes, et, par consé-
quent, la pierre philosophale est folie, si elle
n'est pas duperie *. Mais le reste de la na-

* *Discours admirables.* 240-245. Qu'il est vrai
que la chimère, la folie du jour, est souvent le
problème du lendemain ! Si la science moderne
répudie les procédés mystiques et magiques de
l'alchimie, elle n'en déclare plus absurde la prétention fondamentale : cette transmutation des
métaux, pour laquelle Leibnitz lui-même semble
avoir éprouvé des sympathies.

Bien des corps, fort différents quant à leurs
propriétés, sont chimiquement identiques. A une
partie d'eau près, c'est le cas de l'acide prussi-
que et du plus innocent des sels d'amoniaque.
La différenciation des *isomères* doit procéder du
nombre et du groupement des atômes, formant
la molécule propre à chacun d'eux. Cela est vrai
même de certains corps simples, le charbon et
le diamant, par exemple. Or, il se trouve plusieurs métaux d'un poids atomique identique :
l'or, l'osmium, le cérium, etc. Il semble donc
qu'il suffirait de permuter l'arrangement des

ture est un laboratoire immense, un creuset
gigantesque, sans nul vide, où tout se décom-
pose et se recompose à l'infini ". Dans ce
travail, dont l'intensité et l'étendue donnent
le vertige, rien ne se perd... *Rien ne se perd!*
Bernard Palissy a posé implicitement ce
principe, qui sert de clef de voûte à l'édifice
de la science moderne. En fait de détails, il a
indiqué l'action des oxydes métalliques dans
la coloration des pierres et des marbres, et,
au cours d'expériences sur le salpêtre, il a
pressenti la formation des cristaux. Il a
marqué l'importance des sels, des engrais,
des marnes dans la végétation. L'agriculture
lui doit des directions variées, tranchant de
la façon la plus éclatante sur la routine de

atômes, pour obtenir de ces deux dernières subs-
tances le métal roi.

D'après M. Dumas, on ne saurait, les faits de
cet ordre étant donnés, traiter d'absurdité dé-
montrée, l'idée de transmutations possibles
pour les corps simples. Palissy, qui a fait preuve
d'un esprit robuste et sain en se dégageant des
chimères hermétiques, pourrait, en fin de compte
avoir eu tort en ayant raison. Sa gloire n'en serait pas ternie. Cf. Berthelot. *Les Origines de
l'Alchimie.* Préface, pages XIV, XV. 1885.

** *Discours admirables.* 207, 256 suiv. etc.

tous les temps ; l'arboriculture, des conseils pleins de sagesse et de pénétration sur le temps qui convient et la méthode à suivre pour l'exploitation des forêts. Dans le champ de l'hygiène enfin, il a devancé notre époque, en réclamant avec insistance des eaux pures comme condition première de la santé.

Des erreurs, il en eut, sans doute, et il serait facile d'en dresser une liste assez longue. Les pluies de grenouilles, qu'il n'a pas ignorées, lui ont fait croire à un engendrement en l'air impossible. Il expliqua les veines du marbre par des courants d'eaux imprégnés de plusieurs sels ; admettant le véhicule, l'eau diversement minéralisée, nous en plaçons l'action à la formation même de la roche. Mais ces taches, inévitables, puisque, dans les sciences de la nature, il faut, pour édifier avec sûreté des théories, une somme d'observations que Palissy ne pouvait fournir, ne diminuent pas sa gloire. Sur les points essentiels, il a rencontré juste. Il a pratiqué la méthode dont Bacon de Vérulam a formulé la théorie. Le saluer comme l'un des plus illustres précurseurs de la

science moderne, ce n'est que lui rendre
justice !

* *

Tel fut le savant. Un mot pour finir sur
l'homme.

Noble et grand caractère! Quelle persévé-
rance que rien ne peut lasser! Quelle indomptable énergie! Et, sur tout cela, quelle
bonté, quelle tendresse de cœur, apparais-
sant par éclairs dans une réserve habituelle,
comme si un voile se déchirait! En lisant ses
luttes dans le Discours de *l'Art de Terre*, on
se sent, pour peu que l'on soit capable de
sympathie, gagné par une émotion mélangée
de respect et de pitié. Tout lui manque; tout
semble s'écrouler autour de lui : il reste
ferme. Il est tourné en dérision; on l'injurie ;
là même où il devrait trouver la paix, dans
sa famille, il est accablé de reproches..... Il
frémit au souvenirs de ces années d'agonie ;
on devine que ses traits se contractent lorsqu'il en parle, mais, s'il raconte ce qui se
passa, jamais il n'y met du fiel ! « J'ai
esprouvé un tel labeur et tristesse d'es-

prit, qu'auparavant que j'aie eu rendu mes esmaux fusibles à un mesme degré de feu, j'ai cuydé entrer jusques à la porte du sépulchre... Je m'allois souvent pourmener dans la prairie de Xaintes, en considérant mes misères et ennuys. Et sur toutes choses de ce que, en ma maison mesme, je ne pouvois avoir nulle patience, ni rien qui fust trouvé bon. J'estois mesprisé et mocqué de tous... Toutefois, je faisois mes efforts de rire, combien que, intérieurement, je fusse bien triste * ». Celui qui a tracé ces lignes ne fut pas un cœur insensible.

Pourtant, il fut avant tout un homme de conscience et de volonté. De là son courage pour dire la vérité coûte que coûte. Agrippa d'Aubigné raconte que Palissy, ayant reçu dans son cachot de la Bastille la visite de Henri III, le sangla de paroles qui font penser au mot de Sénèque : « On ne peut contraindre celui qui va mourir ! » Si l'anecdote, douteuse, pour plusieurs raisons, doit être en tout cas débarrassée sans hésitation de cer-

---

* *Discours admirables. De l'art de terre*, 388, 389.

taines irrévérences où l'on sent l'imagination
et les passions violentes de d'Aubigné, elle est
bien pour le fond dans la ligne du caractère
de Maître Bernard [1]. Jamais les abus ne furent battus en brèche, jamais les erreurs ne
furent déracinées sans de violents combats.
Y toucher, ce sera toujours ameuter contre
soi les frelons qui du plus au moins en vivent.
Les victoires du bien et de la vérité ont été
arrosées de sueur, baignées de larmes et ta-
chées de sang. Or, Palissy se jeta à corps
perdu dans la mêlée, ne demandant jamais :
Combien sont les ennemis ? mais simple-
ment : Où sont-ils ? Ainsi à Saintes. Le pasteur de l'église réformée a été jeté dans les

[1] Il y en a deux versions, l'une dans la *Confession de Sancy*, chapitre VII, l'autre dans l'*Histoire
universelle* (I., 3), celle-ci, plus courte, plus sim-
ple, et beaucoup plus acceptable. « Le roi ayant
dit au vieux Bernard : « Mon bonhomme, si
vous ne vous accommodez pour le fait de la
religion, je suis contraint de vous laisser entre
les mains de mes ennemis » : la réponse fut :
«Sire, j'estois bien tout prêt de donner ma vie
pour la gloire de Dieu : si c'eût esté avec quelque
regret, certes il seroit éteint en ayant ouï pro-
noncer à mon grand roi : je suis contraint. C'est ce
que vous et ceux qui vous contraignent ne pour-
rez jamais sur moi, parce que je sais mourir. »

fers. « Je prins la hardiesse (combien que les jours fussent périlleux en ce temps-là), d'aller remonstrer à dix des principaux juges et magistrats, qu'ils avoyent emprisonné un prophète ou ange de Dieu, envoyé pour annoncer sa parole. » Ainsi encore, dans la modeste tribune où il lutte corps à corps avec l'erreur et le préjugé, cimentés par l'habitude. Certes, sans mériter d'être taxé de misanthropie, on peut dire que l'absence de courage moral est actuellement à l'ordre du jour. Qui n'a rencontré sur son chemin certains sages, octroyant libéralement toutes les convictions, à condition qu'aussi longtemps qu'elles ne sont pas populaires, on se garde de les mettre au jour? Si les grandes vies sont à quelque degré contagieuses, comme les vies souillées ou mesquines, il est bon, pour les heures mauvaises, où l'on serait tenté de céder contre sa conscience au flot qui passe, de se rappeler celle de Palissy.

Reste, comme trait suprême, l'attachement inébranlable de Maître Bernard à sa foi. Membre de l'Eglise catholique, n'est-il pas évident que les plus hautes faveurs le fussent venues

chercher ? De même, et mieux encore, s'il eût
consenti à l'apostasie. Protestant en revanche,
les rustiques figulines n'y pouvaient rien ; à
peine toléré, il ne devait pas compter sur le
repos, et il lui fallait dire adieu à la fortune.
Nul doute que souvent on ne le lui ait fait
sentir. Mais rien n'indique qu'il en ait été
ébranlé, et nous savons en tout cas qu'il con-
fessa sa foi dans sa ville, à la cour, dans les
chaines et jusqu'à la mort. Palissy fut ce que
les Huguenots du seizième siècle appelaient
« un craignant Dieu ». Sa vie a été l'exacte et
fidèle mise en œuvre des mots scripturaires
qu'il se proposait un jour de tracer en émaux
multicolores sur les pavillons de son jardin de
plaisance : « La crainte de Dieu est le commencement de la sapience. Sans sapience, il est
impossible de plaire à Dieu. ». Confiance, sé-
rieux, gratitude : ces éléments essentiels de la
vraie piété pénètrent ses livres. Dieu, vivant
dans son âme, resplendit pour lui dans la nature ; l'étude de la nature l'élève en retour à
Dieu. Dans le succès, comme au travers de
l'adversité, ce grand génie fut un croyant hum-
ble et fidèle. Ne serait-ce pas là pour une part
le secret de son indomptable énergie ? Les

hommes forts, les héros, ce furent la plupart du temps ceux qui, regardant comme Luther, Palissy et tant d'autres, plus haut que les brumes terrestres, répondirent au travers des siècles au chantre antique dans les termes même qu'il employa : « Dieu est une haute retraite et une forteresse. Quoi qu'il en soit, mon âme se repose en lui ! » L'humanité serait certes bien moins riche, et son histoire bien plus déprimante, s'il lui avait manqué les hommes de foi !